AF371041

# ÉMILE ABRAHAM

## LA
# CHARITÉ CHRÉTIENNE

### COMÉDIE EN UN ACTE

**Prix : 1 franc**

## PARIS
## PAUL OLLENDORFF, ÉDITEUR
28 *bis*, RUE DE RICHELIEU, 28 *bis*

—

1885

Droits de reproduction, de traduction et de représentation réservés

Yth
21821

# LA CHARITÉ CHRÉTIENNE

COMÉDIE EN UN ACTE

SCEAUX. IMP. CHARAIRE ET FILS.

# LA
# CHARITÉ CHRÉTIENNE

COMÉDIE EN UN ACTE

PAR

## ÉMILE ABRAHAM

PARIS

**PAUL OLLENDORFF, ÉDITEUR**

28 *bis*, RUE DE RICHELIEU, 28 *bis*

—

1885

Droits de traduction, de reproduction et de représentation réservés

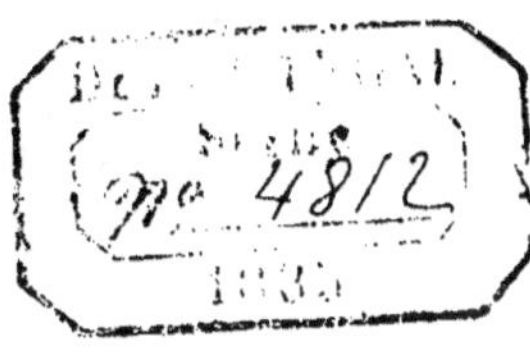

PERSONNAGES :

FERNANDE DE BRAVENAY

ATHALIE MORAIN

UN DOMESTIQUE

La scène se passe chez Fernande de Bravenay

# LA CHARITÉ CHRÉTIENNE

---

Un boudoir élégant. Porte au fond. Portes latérales.
A gauche un petit bureau de dame; à droite un canapé.
Sièges. Un piano. Tableaux. Une cheminée avec une
pendule et, parmi des bibelots, un réveil-matin. Sus-
pendu, bien en vue, le portrait d'un colonel.

## SCÈNE PREMIÈRE

FERNANDE, *assise au petit bureau.*

52 billets placés et 20 que je garde, 72...
De 100, ôtez 72, reste 28. Je dois donc avoir
28 billets dans ce tiroir... (*Elle ouvre un tiroir
de son bureau et cherche.*) Je les aurai laissés
dans ma chambre... Maintenant 72 fois 20...
multiplions... (*Multipliant.*) zéro : je pose zéro;
puis, 2 fois 2 : 4; 2 fois 7 : 14; soit 1,440...
1,440 francs... (*Se levant.*) J'aurais été bien
aise d'apporter à la supérieure les 2,000 francs
tout ronds! Mais, c'est égal, si mes anciennes

camarades ont réussi aussi bien que moi, l'argent ne manquera pas pour restaurer le parloir du couvent. (*Elle prend une tapisserie et elle s'assied sur le canapé de droite.*) Je me réjouis d'assister au tirage de la tombola... Toutes ces demoiselles y seront... demoiselles dont beaucoup sont dames à présent. Plusieurs ne sont ni dames ni demoiselles... Oh ! celles qui ont mal tourné n'oseront pas venir !... (*Soupirant.*) Il y a huit ans bientôt. Les tailles se sont épaissies et les minois défraîchis. (*Regardant machinalement dans un petit miroir.*) Pas tous !... Huit années !... Chez l'une, l'existence, qui s'annonçait souriante, n'aura été que déceptions... Chez l'autre, que la tristesse semblait assombrir d'avance, au contraire... (*Se levant.*) La solitude pousse à la réflexion et à la mélancolie. On pense ; on pense trop et inutilement. (*Soupirant encore.*) Que les bonnes sœurs qui veillaient sur nos âmes sont heureuses de se dégager des préoccupations mondaines !... Leur seul but, c'est le bien ; leur seul amour, c'est Dieu ! Sans doute, mais raisonnons : si nous avons moins d'abnégation et moins de piété qu'elles, c'est la faute de notre nature, et notre nature n'est-elle pas œuvre divine ? (*Se remettant sur le canapé et prenant la tapisserie.*) Inclinons-nous et sui-

vons nos penchants... L'idée de cette loterie re-
vient à Héloïse Ollivert, qui aimait tant ce parloir... C'est là qu'elle entrevoyait le beau brun
qu'elle a dû épouser...


# SCÈNE II

### FERNANDE, LE DOMESTIQUE

Le domestique. — Une dame demande à parler
à Madame. C'est pour l'œuvre du couvent.

Fernande. — Faites entrer... (*A elle-même.*)
Je vais chercher ces 28 billets. J'en placerai
peut-être encore quelques-uns. (*Au domestique.*)
Je reviens. (*Elle sort par l'une des portes latérales.*)

Le domestique, *allant au fond et ouvrant la
porte à deux battants.* — Si Madame veut bien
prendre la peine... (*Athalie entre : il lui avance
un fauteuil.*) M^me de Bravenay va avoir l'hon-
neur de la recevoir. (*Il sort.*)


# SCÈNE III

### ATHALIE, *cherchant.*

Fernande de Bravenay ? Je n'ai pas souve-
nance... Elle n'était peut-être pas de mon temps...

Après tout, de Bravenay doit être le nom... Il
y en a qui épousent!... (*S'arrêtant devant le portrait du militaire et le lorgnant.*) Et ce brave à
tous crins qui peut bien avoir sa bonne pièce
de cinquante automnes...


## SCÈNE IV

ATHALIE, FERNANDE, *rentrant, avec
des billets en main.*


FERNANDE, *saluant.* — Madame...

ATHALIE, *de même.* — Désirant participer à la
restauration du parloir de Sainte-Agathe du
Recueillement, j'ai pris la liberté...

FERNANDE. — Athalie Morain !

ATHALIE. — Fernande de Monlassand ! (*Elles
s'embrassent.*)

FERNANDE. — Je me faisais une fête de revoir mes anciennes camarades et c'est toi que
je retrouve d'abord; quel bonheur ! (*Elles s'embrassent encore.*)

ATHALIE. — Moi, ton inséparable !

FERNANDE. — Ma confidente!... On devait ne
pas se perdre de vue...

ATHALIE. — Et du jour au lendemain... (*A
elle-même.*) Du jour au lendemain, flûte !

FERNANDE. — Les hasards de la vie!... Et qu'es-tu devenue?

ATHALIE. — Mais... (*A part.*) Elle ignore donc?... (*Haut.*) Mais, toi!... Mariée, n'est-ce pas? Oh! ne t'en défends pas! (*Montrant le portrait.*) Et ce noble guerrier... Tu soupires? Pauvre victime de l'hyménée!

FERNANDE. — Non!... je gémis... Ces séparations continuelles me font une existence vide... Heureusement, il va revenir... général peut-être et me quittera moins souvent... Et ton mari, à toi, que fait-il?

ATHALIE, *génée et la considérant.* — Toujours même vague à l'âme, mêmes allures aristocratiques.

FERNANDE. — Flatteuse!..... Est-il militaire aussi?... Magistrat peut-être?... ou dans les affaires? Nous sommes sous le règne de la haute finance.

ATHALIE, *de même.* — Que je bénis ma bonne étoile de m'avoir conduite chez toi, plutôt que chez une autre dame patronnesse!...

FERNANDE. — Le parloir du couvent tombe en ruines, ainsi que la chapelle... cette chapelle où nous avons fait notre première communion... ce parloir où il nous était si doux d'être appelées et où l'on nous entretenait de ceux que nous aimions au dehors... Eh bien, les bonnes sœurs ne sont pas riches; elles sont si bienfaisantes ! Et leurs pauvres se multiplient ! La supérieure s'est adressée à celles de nous qui ont épousé des capitalistes... Mais, ces messieurs préfèrent dépenser leur argent pour des chevaux... et des actrices. (*Mouvement d'Athalie.*) Alors, l'idée vint à Héloïse Ollivert d'organiser une loterie de deux mille billets à vingt francs... et je m'occupe d'en placer cent... Il ne m'en reste que vingt-huit.

ATHALIE. — Je les prends.

FERNANDE. — Tous ?

ATHALIE. — Ça a l'air de t'épater ?

FERNANDE. — Tu dis ?

ATHALIE. — Je dis : Ça a l'air de t'épater.

FERNANDE, *à elle-même.* — J'avais bien entendu... (*Haut.*) Voici tous mes billets souscrits!... C'est Berthe de Vaudremont qui sera vexée!... Et Emma Valdreuse donc !

ATHALIE. — Je t'enverrai aussi quelques bibelots pour la tombola.

FERNANDE. — Tu es d'une générosité... (*Prenant un calepin sur le bureau et écrivant.*) 72 et 28, total : 100... Somme : 2,000... (*L'interrogeant.*) Madame?... (*Minute de silence.*) Madame?... Ton nom de dame?

ATHALIE. — Mon nom... Voilà le chiendent!

Fernande. — Hein?

Athalie. — Quoi?

Fernande. — Tu disais?

Athalie. — Je disais : Mon nom de dame...
voila le chiendent !

Fernande, *essayant de sourire.* — Quel sin-
gulier langage !

Athalie. — Te souviens-tu des fêtes où nous
récitions des fragments de tragédie?...

Fernande. — Je le crois bien !... Et les pièces
de M^me de Genlis !... Tu jouais les rôles mascu-
lins... et avec une aisance et un naturel !...

Athalie. — Je les remplis encore.

Fernande. — Tu donnes la comédie dans les
salons?

Athalie. — As-tu entendu parler de la fa-
meuse Athala?

Fernande. — Cette créature (*Mouvement
d'Athalie*) qui obtient tant de succès dans les
petits théâtres et dont les excentricités défrayent
les feuilles légères?

Athalie. — Athala... est le pseudonyme d'A-
thalie Morain?

Fernande, *à elle-même.* — C'est impossible !...
Et pourtant ces expressions, ce ton !...

Athalie. — M'as-tu vue dans ma dernière
création?

FERNANDE, *vivement*. — Non... non...

ATHALIE. —Cet empressement à t'en défendre...

FERNANDE, *embarrassée*. — C'est que... depuis que M. de Bravenay est absent...

ATHALIE, *à elle-même*. — Nous voici loin des épanchements d'autrefois... Soit! (*Elle ouvre un porte-monnaie.*)

FERNANDE, *toujours embarrassée*. — Seule, je ne vais nulle part, en dehors d'un cercle restreint... Mais, dès que le colonel...

ATHALIE. — Voici le montant des billets.

FERNANDE, *remettant les billets*. — Et voici les billets. (*Athalie salue et va pour sortir.*)

FERNANDE, *l'arrétant, mais mollement*. — Déjà?

ATHALIE. — Je craindrais... D'ailleurs, il se fait tard. (*Le jour baisse un peu.*)

FERNANDE. — Je te... (*Reprenant, avec hésitation.*) Je vous reverrai, n'est-ce pas?

ATHALIE, *à part*. — Insolente! Elle mérite une leçon... (*Haut, remontant.*) J'enverrai aujourd'hui même les lots pour la tombola. (*Réfléchissant.*) Je prierai mon frère... aspirant de marine... de vouloir bien se charger...

FERNANDE, *avec une grâce forcée*. — Que de remerciements!

ATHALIE, *à part*. — Chipie!... (*Elle sort.*)

# SCÈNE V

### FERNANDE, *seule*.

Elle est fâchée... (*Redescendant.*) Athala!...
Athala... le... le travesti, une ancienne pen-
sionnaire du couvent de Sainte-Agathe du Recueillement!... Si la supérieure savait!... Et
nos anciennes compagnes!... Et je l'ai reçue
chez moi!... Et je l'ai embrassée!... Mais sa-
vais-je à ce moment-là?... (*Un silence; puis elle
se met au piano et après quelques mesures d'une*
Rêverie, *elle se lève et sonne; le domestique entre,
portant une lampe qu'il pose sur la cheminée.*)
C'était précisément pour avoir de la lumière.
(*Le domestique sort.*) J'ai peut-être eu tort de
lui remettre les billets, au... au travesti? Bah!
Il s'agit d'une œuvre pieuse! (*Elle s'assied
de nouveau, prend la tapisserie et bâille.*) Je
m'ennuie... Elle ne s'ennuie sans doute pas.
Athala!... Au contraire, on s'amuse dans ce
monde-là!... (*Elle retourne au piano, l'ouvre et le
referme aussitôt.*) Elle fait les choses largement :
tous les billets restants... Qui paye? (*Silence.*)
Elle ne manque ni d'élégance, ni de cachet...
Viendra-t-elle au tirage de la tombola? (*Elle
bâille.*) Je suis sûre qu'Héloïse Ollivert sortira

tout ce qu'elle a de bijoux et de dentelles...
Cela plaît à son parvenu de mari.


## SCÈNE VI

### FERNANDE, LE DOMESTIQUE

Le domestique présente un petit plateau sur lequel
Fernande prend un bout de papier.


FERNANDE, *regardant.* — Edmond Morain, aspirant de marine!... (*A part.*) Morain?... Son
frère !

LE DOMESTIQUE. — Ce monsieur est accompa-
gné d'un commissionnaire qui dépose plusieurs
paquets dans l'antichambre... des lots pour...

FERNANDE. — C'est bien... qu'on les laisse.

LE DOMESTIQUE. — Il désire parler à Madame...
Il y a aussi deux bonnes sœurs... Elles viennent
pour l'œuvre de Sainte-Agathe...

FERNANDE. — Faites-les entrer... (*Le domestique va pour sortir.*) Il y a-t-il de la lumière au
salon? (*Signe affirmatif du domestique.*) Je re-
cevrai les bonnes sœurs au salon. Introduisez
M. Morain ici. (*A part.*) Je ne puis me dispenser
de faire remercier le... travesti ! (*Elle sort par
une des portes latérales. Le domestique va ouvrir
la porte du fond. Il introduit Athalie et se retire.*)

## SCÈNE VII

ATHALIE, *en uniforme d'aspirant de marine.*

C'est une violation de domicile... Bah! elle m'a vexée... Quelles que fussent sa fierté et sa pruderie, elle devait faire bonne contenance... Qu'elle n'insistât pas pour que je revinsse, très bien... Mais qu'elle ait pris des airs outrageants avec une ancienne amie qu'un souvenir cher amenait, je ne puis le lui pardonner... J'aurais dû attendre à demain, mais... je me connais: si je ne me rebiffe pas tout de suite, mon irritation se calme. (*Regardant la pendule.*) Sept heures un quart... Et il faut que je sois à neuf heures et demie là-bas. Je n'ai guère de temps. Bah! je mènerai les choses tambour battant... Une idée!... Ce réveil-matin... (*Elle remonte le réveil-matin.*) A neuf heures, il m'avertira, si je m'oublie, qu'on va frapper les trois coups... Une voiture m'attend à la porte... Fouette cocher : au théâtre!... Ah! je commets là une nouvelle extravagance... Les feuilles légères bavarderont... (*Elle s'assied.*) Ma mémoire ne me trompe pas et j'ai présentes à l'esprit nos expansions et nos confidences... M^lle Fernande de Monlassand n'était pas aussi sévère que M^me de Bravenay...

L'austérité du couvent lui pesait et ses impatiences... (*Fernande paraît.*) Attention ! (*Elle se lève.*)

## SCÈNE VIII

### ATHALIE, FERNANDE

(On se salue cérémonieusement.)

ATHALIE. — Je suis venu, madame, pour vous apporter...

FERNANDE. — Oui, je viens de voir... Des merveilles de goût et d'ingéniosité... Au nom de l'œuvre pieuse dont je m'occupe, je vous prie de vouloir bien transmettre mes plus vifs remerciements à la personne...

ATHALIE. — Ma sœur, madame.

FERNANDE. — Je m'en doutais... Le nom...

ATHALIE, *à part*. — M$^{me}$ Tartuffe !

FERNANDE. — Et... (*A part; le regardant en dessous.*) Il est agréable... (*Haut.*) Et... un peu de ressemblance aussi.

ATHALIE. — L'air de famille.

FERNANDE, *à part; le regardant*. — Ses yeux sont perçants.

ATHALIE. — Ma sœur s'est fait un plaisir autant qu'un devoir de répondre à l'appel en faveur de cette douce prison où s'écoula sa jeunesse; d'autant plus qu'elle doit à cette circonstance la joie d'avoir revu celle de ses compagnes dont elle a conservé le meilleur souvenir.

FERNANDE, *embarrassée.*— Je suis très flattée...

ATHALIE, *à part.* — Elle ne m'invite pas à m'asseoir.

FERNANDE, *à part.* — Attend-il que je lui donne un reçu?

ATHALIE, *s'enhardissant.* — Que de fois Athala m'a parlé de vous!...

FERNANDE. — Athala? C'était alors Athalie...

ATHALIE. — Elle déplorait que les hasards de la vie vous eussent fait prendre à chacune une voie différente.

FERNANDE, *à part.* — Aurait-elle voulu que je débutasse aussi? (*Haut.*) Quand on appartient à des mondes différents, il arrive toujours un moment où l'on se perd de vue.

ATHALIE, *à part.* — Sotte! (*Haut.*) Les cœurs affectueux s'en attristent.

FERNANDE, *à part.* — Je ne puis pourtant pas philosopher avec le frère de cette actrice... En tout cas, l'heure est singulière... (*Haut.*) Vous avez de beaux sentiments, monsieur.

ATHALIE. — Cette appréciation m'est chère de la part d'une personne à laquelle j'ai, depuis si longtemps, voué tant de respect... (*A part.*) Ouf! (*Haut.*) Et... d'admiration! (*A part.*) V'lan!

FERNANDE, *très étonnée*. — Mais, monsieur, c'est la première fois..,

ATHALIE. — Plût à Dieu !

FERNANDE. — Que voulez-vous dire ?

ATHALIE, *sournoisement*. — Rien... rien...

FERNANDE. — Si fait !

ATHALIE. — Je ne veux... je ne dois pas rappeler...

FERNANDE. — Rappeler?... Rappeler quoi?

ATHALIE. — Pardon. (*Faisant mine de vouloir se retirer.*) Pardon.

FERNANDE. — Mais ces insinuations...

ATHALIE. — Je me tairai... Ne redoutez pas que je profère une seule plainte.

FERNANDE. — Ces réticences que je ne m'explique pas...

ATHALIE. — N'exigez pas...

FERNANDE. — J'exige... (*Elle lui fait signe de s'asseoir.*)

ATHALIE, *à part*. — Allons donc ! (*Haut.*) C'est une bien lamentable histoire, allez !

FERNANDE, *à part, en s'asseyant sur le canapé*. — Il m'intrigue étrangement.

ATHALIE, *prenant place sur le canapé, à côté de Fernande*. — Sans préambule, j'arrive droit à la première fois que je vous vis.

FERNANDE, *à part*. — Son émotion me gagne.

ATHALIE. — C'était à ce parloir dont la restauration va être un sacrilège pour moi, car je voudrais que la trace de vos pas y fût à jamais conservée... Vous fûtes à mes yeux une apparition céleste !

FERNANDE. — Me serais-je jamais doutée !...

ATHALIE. — J'étais en proie à un trouble inexplicable et... une puissance invisible m'ordonnait de me taire, en dépit des supplications des miens... Savez-vous ce qu'on supposa ?... (*Fernande le regarde anxieuse.*) Que j'étais épris... de ma sœur !

FERNANDE. — Oh !...

ATHALIE. — Ah ! l'on a vu de ces passions... (*Cherchant le mot*)... prohibées !

FERNANDE. — Vraiment ?

ATHALIE. — Pénétrée de cette conviction, ma famille dut naturellement m'éloigner...

FERNANDE. — Que vous avez dû souffrir !

ATHALIE, *à part*. — Ça va très bien ! (*Se rapprochant de Fernande.*) Je passe bien des détails... mes protestations, mon désespoir... Bref, sans me permettre d'embrasser l'innocente cause supposée de mon départ, on m'embarqua.

FERNANDE. — On eut cette barbarie ?

ATHALIE. — On eut cette barbarie !

FERNANDE. — Que je vous plains !

ATHALIE. — Vous êtes bonne ! (*Elle lui prend la main.*) On me jeta à bord du *Martyre*... On m'expédia aux Indes orientales.

FERNANDE. — Si loin?

ATHALIE. — Si loin ! (*Elle lui embrasse la main.*) Dans quel état j'étais ! Les autres passagers me prenaient en pitié et le docteur du navire me croyait atteint d'une maladie de langueur arrivée à son dernier période.

FERNANDE, *à elle-même.* — Comme il m'aimait !

ATHALIE. — De son côté ma sœur ne cessait de répéter : « Mais où donc est mon frère ? Où donc est Edmond? Mon Dieu, serait-il mort? — Il est mort pour toi », lui répondait-on.

FERNANDE, *très intéressée.* — Cela devient tragique !

ATHALIE. — Quand, après maintes péripéties dont je vous fais grâce; quand, après une odyssée inénarrable, je pus revenir et désabuser les miens, vous aviez quitté le couvent et ma sœur ignorait ce que vous étiez devenue... Si elle eût été à même de vous voir, eût-elle osé vous confier?...

FERNANDE. — Vous savez, entre jeunes filles...

ATHALIE, *à part.* — Sainte n'y touche ! (*Haut.*) Le temps ne calma pas ma douleur... Je vous cherchais partout... Je n'allais dans le monde

que dans l'espoir de vous y rencontrer... Au
Bois, je plongeais mes regards dans chaque
voiture... Au théâtre, je promenais ma lor-
gnette de loge en loge. Ma persévérance égalait
mon amour... oui, mon amour... (*A genoux.*)
Fàchez-vous, chassez-moi : je vous aime!

FERNANDE. — Si mes gens entraient!

ATHALIE, *se relevant.* — J'ai cru que j'allais
mourir de joie quand Athalie m'a appris qu'elle
vous avait retrouvée.

FERNANDE. — — Pourquoi faut-il qu'Athalie
soit Athala? Dans d'autres conditions j'aurais
pu ne pas fuir les occasions de vous rencontrer... Oh! uniquement pour essayer de vous
guérir!...

ATHALIE. — C'est bien ainsi que je le prends!

FERNANDE. — De vous guérir d'une passion
sans issue.

ATHALIE. — Oh! ne me tenez pas trop rigueur!

FERNANDE. — Mais... que faut-il que je fasse?

ATHALIE. — Que vous ne me défendiez pas de
vous guetter, de vous suivre...

FERNANDE. — Y pensez-vous?

ATHALIE. — Ma passion est arrivée à un tel
paroxysme que je suis capable de tout, même
d'un crime!

FERNANDE. — Taisez-vous!

ATHALIE. *dramatiquement.* — Fernande, mon bonheur serait de vivre pour vous!

FERNANDE. — Taisez-vous !... Et le colonel?

ATHALIE. — Puisqu'il est en expédition! Puisqu'il a préféré...

FERNANDE. — Et mes serments? Et mes devoirs?... D'ailleurs il reviendra.

ATHALIE, *virement.* — Qui sait? (*Se reprenant.*) Il reviendra... mais quand?... Avec un bras de moins peut-être et des rhumatismes de plus. Moi, comme preuve suprême de mon ardeur, je vous offre ma mort.

FERNANDE. — Edmond!.,.

ATHALIE. — Voulez-vous être à jamais débarrassée de mes importunités? Un mot, et je me tue.

FERNANDE. — Edmond! Edmond!

ATHALIE. — Eh bien! donnez-moi la satisfaction que je vais vous demander. « Pourquoi faut-il, disiez-vous, qu'Athalie soit Athala? » Eh bien, si je n'étais pas le frère d'Athala, m'aimeriez-vous?...

FERNANDE. — Ne m'interrogez pas.

ATHALIE. — M'aimeriez-vous?

FERNANDE. — Peut-être....

ATHALIE. — M'aimerais-tu?...

FERNANDE, *baissant la tête.* — Oui.

ATHALIE, *triomphante.* — Cet aveu me suffit.

(*A elle-même, marchant à grands pas et chan-
tant :*)

    Cet aveu, cet aveu si charmant...

FERNANDE, *à elle-même.* — Mon Dieu, il est
fou! (*Le réveil-matin sonne bruyamment. Fernande et Athalie tressaillent toutes les deux.*)

ATHALIE, *à part.* — Suis-je bête! C'est le
réveil-matin. (*Haut.*) Neuf heures... Il faut que
je te quitte, ma chère camarade; j'entre en
scène à neuf heures et demie... Heureusement,
je suis toute costumée.

FERNANDE, *à part.* — Oh! mon Dieu... c'est...
(*Elle se laisse tomber sur un siège.*)

ATHALIE. — Je joue, au bénéfice d'une grande
infortune, le rôle de Paul Joubert, des *Chevaliers
du pince-nez.*

FERNANDE. — Quelle confusion! (*Elle se cache
le visage dans ses mains.*)

ATHALIE. — Tu m'as froissée... J'ai tenu à me
venger... Toi, que n'ont jamais abandonnée les
conseils et l'exemple d'une mère rigide pour
elle-même et indulgente pour les autres; toi, qui
aurais trahi un mari confiant, un noble cœur,
un valeureux soldat, as-tu seulement, avant
de m'humilier, désiré connaître les circons-
tances qui m'ont fait passer du couvent au

théâtre, et sais-tu si je suis indigne d'estime?

FERNANDE. — Accable-moi, je le mérite.

ATHALIE. — Ça pose d'être dame patronnesse. Mais il est une vertu aussi précieuse que la charité affichée, quoique moins ostensible; c'est l'indulgence... c'est... c'est la charité chrétienne!... Tu pleures?... J'ai été trop loin!

FERNANDE. — Je suis une malheureuse!

ATHALIE. — Oui, j'ai été trop loin... Oublie cette scène...

FERNANDE. — Je ne l'oublierai pas; elle me profitera.

ATHALIE, *remontant*. — Adieu.

FERNANDE, *la suivant*. — Par donne-moi....et... au revoir!...

ATHALIE, *à la porte du fond*. — Je te pardonne... et adieu!... (*Elle sort.*)

## SCÈNE IX

### FERNANDE *seule*.

Elle reste un instant interdite, près de la porte du fond; puis, descendant en scène, elle prend la lampe et regardant le portrait du colonel :

Et toi, me pardonneras-tu?

FIN

SCEAUX. IMP. CHARAIRE ET FILS.

### Librairie PAUL OLLENDORFF, 28 bis, rue de Richelieu, Paris

L'AS DE TRÈFLE, drame en cinq actes et neuf tableaux, par Pierre Decourcelle, in-18. . . . . . 2 fr.

L'ASSASSIN, comédie en un acte, par Edmond About (Gymnase). in-18. . . . . . . . . . 1 fr. 5o

A L'ESSAI, comédie en un acte, par A. Cahen et G. Sujol (Fantaisies-Parisiennes), in-18. . 1 fr. 5o

L'ATHLÈTE, comédie en un acte et en vers, par R. Palefroi (Odéon), in-18 . . . . . . . 1 fr. 5o

AU CLAIR DE LA LUNE, revue en quatre actes, en huit tableaux de MM. H. Montréal, H. Blondeau et G. Grisier (Menus-Plaisirs), in-18. . . . . . . . . . 2 fr.

LA BONNE AVENTURE, opéra-bouffe en trois actes, par Émile de Najac et Henri Bocage, musique d'Emile Jonas (Renaissance), in-18. . . . . . . . . . 2 fr.

LES CONVICTIONS DE PAPA, comédie en un acte, par E. Gondinet (Palais-Royal et Gymnase), in-18. . . . . . . . 1 fr. 5o

DIVORCÉS ! comédie en un acte et en vers, par L. Cressonnois et Ch. Samson, in-18. . . . 1 fr.

DIVORÇONS-NOUS ? comédie en un acte, par E. Grenet-Dancourt (Cluny), in-18. . . . . . 1 fr.

LE NOM, comédie en 5 actes, par Émile Bergerat (Odéon), in-18. 2 fr.

L'EXIL D'OVIDE, comédie en un acte, en vers, par Honoré Bonhomme (Odéon), in-18. . 1 fr. 5o

LA FEMME, saynète en un acte, par E. Grenet-Dancourt (Palais-Royal), in-18. . . . . . . . . . 1 fr.

LA MAISON DES DEUX BARBEAUX, comédie en 3 actes par A. Theuriet et H. Lyon (Odéon), in-18. . 2 fr.

GARIN, drame en 5 actes, en vers, par Paul Delair (Comédie-Française), in-8. . . . . 3 fr. 5o

GIBIER DE POTENCE, comédie-bouffe en un acte, par Georges Feydeau (Concert-Parisien), in-18. . . . . . . . . 1 fr. 5o

LA GIFLE, comédie en un acte, par Abraham Dreyfus (Palais-Royal), in-18. . . . . . . . 1 fr. 5o

LA LAITIÈRE ET LE POT AU LAIT, pièce en un acte et en vers, par Busnach et Liorat (Palais-Royal), in-18. . . . . . . . . 1 fr. 5o

MADEMOISELLE DU VIGEAN, comédie en un acte et en vers par Mademoiselle Simone Arnaud (Comédie-Française) in-18. 1 fr. 5o

LE MAITRE DE FORGES, pièce en 4 actes et 5 tableaux, par Georges Ohnet, (Gymnase), 11ᵉ édition, in-18. . . . . . . . . 2 fr.

MON FILS, pièce en 3 actes, en vers, par Emile Guiard (Odéon), in-8. . . . . . . . . 3 fr. 5o

LES NOCES DE MADEMOISELLE LORIQUET, comédie en trois actes par E. Grenet-Dancourt (Cluny), in-18 . . . . . . . . . 2 fr.

LE PARAPLUIE, comédie en un acte, par Ernest d'Hervilly (Odéon), in-18 . . . . . . . 1 fr. 5o

LA PART DE BUTIN, comédie en un acte, par G. de Létorière (Gymnase) in-18 . . . . . . . 2 fr.

LE PÈRE DE MARTIAL, comédie en 4 actes, par Albert Delpit (Gymnase), in-18. . . . . . 2 fr.

PRÊTE-MOI TA FEMME, comédie en deux actes en prose, par Maurice Desvallières (Palais-Royal), in-18 . . . . . . . . 1 fr. 5o

LE PRÉTEXTE, comédie en un acte, en prose, par Jules Legoux (Vaudeville), in-18. . . . . 1 fr. 5o

LA RUPTURE, drame en 3 actes, en prose, par E. Dalmont, in-18. 2 fr.

SAPHO, pièce en un acte en vers, par Armand Sylvestre (Gaîté), in-18. . . . . . . . . . 1 fr.

SERGE PANINE, pièce en cinq actes, par Georges Ohnet (Gymnase), in-18. . . . . . . . . . 2 fr.

SMILIS, drame en 4 actes, en prose, par Jean Aicard (Comédie-Française), in-18. . . . . . . 2 fr.

THE TIMES, saynète anglaise, jouée par Mᴵᴵᵉ Reichenberg, texte d'Olivier du Chastel, musique de Ch. M. Widor, in-18. . . . . 1 fr. 5o

TOUJOURS ! comédie en un acte, par Ch. de Courcy (Comédie-Française), in-18. . . . . . . 1 fr. 5o

TROIS FEMMES POUR UN MARI, comédie-bouffe en 3 actes, par E. Grenet-Dancourt (Cluny), 3ᵉ édit. in-18. . . . . . . . . 2 fr.

UN CRANE SOUS UNE TEMPÊTE, saynète par Abraham Dreyfus (Gaîté), 2ᵉ édition, in-18. . 1 fr.

UN PARI DANGEREUX, pièce en un acte, par Alphonse Laigle (Odéon), in-18. . . . . . . . . . 1 fr.

UNE MATINÉE DE CONTRAT, comédie en un acte par Maurice Desvallières (Comédie-Française. . . . . . . . . 1 fr. 5o

UNE PERLE, comédie en trois actes, par H. Crisafulli et H. Bocage (Comédie-Parisienne), in-18. 2 fr.

VOLTE-FACE, comédie en un acte en vers, par Emile Guiard (Comédie-Française), in-18. 1 fr. 5o

Sceaux. — Imprimerie Charaire et fils.

www.ingramcontent.com/pod-product-compliance
Lightning Source LLC
LaVergne TN
LVHW020637180726
843502LV00006B/2088